LETTRE JUSTIFICATIVE

De M. le Chevalier de la Roziere, Lieutenant d'Infanterie, & Ingénieur pour la Compagnie des Indes aux Isles de France & de Bourbon,

A Monsieur de Charpentier Cossigny, Ingénieur en chef de Besançon, actuellement pour la Compagnie des Indes dans ses Comptoirs.

Monsieur,

J'apprens que non content d'avoir écrit contre moi l'année précédente, vous avez renouvellé cette année vos imputations, en m'attribuant toutes sortes de mauvaises qualités & beaucoup d'ignorance auprès de ceux qui peuvent ordonner mon avancement & ma fortune. Permettez que je vous adresse une justification nécessaire. Né de parens aussi respectables que vous, par les services qu'ils ont rendus au Roi & à la Patrie, & par les places qu'ils tiennent aujourd'hui dans le Militaire, élevé de leurs mains avec tous les soins possibles, je croirois manquer aux sentimens que je tiens d'eux, si je ne cherchois à me relever du coup que vous venez de me porter.

C'étoit bien assez, Monsieur, que j'eusse essuyé avec patience tant de mauvais traitemens de votre part, soit par une inimitié injuste pour mes parens, soit par une jalousie dont je ne puis soupçonner la cause, il n'étoit pas nécessaire de m'accabler par des coups redoublés : mais pour vous faire voir les raisons que j'ai d'attribuer votre conduite à mon égard à quelques motifs sembla-

A

bles à ceux que je viens de dire, je vais retracer mon histoire de quelques années.

Le tort que fit la réforme de 1749 à quantité de jeunes gens, qui ne s'étoient soutenus pendant quelques années dans les troupes qu'avec l'aide & les secours de leurs familles, se fit sentir jusqu'à moi. Je me destinai alors au Génie. Quelques dispositions que je trouvois en moi pour acquerir la capacité qu'on exige des jeunes gens qu'on veut bien admettre à cet illustre Corps, un oncle (*) sage & généreux, attentif à tout ce qui pouvoit faire mon avancement, qui voulant mettre le comble à toutes les bontés qu'il avoit eues pour moi depuis plusieurs années, commençoit à me faire travailler sous ses yeux aux Mathématiques & au Dessein dont j'avois déja quelques principes ; tout fixa enfin ma résolution.

Obligé d'aller à Paris prendre les leçons des Maîtres préposés pour l'instruction des aspirans, je partis du Neuf-Brisack en 1751. Les dépenses auxquelles ce voyage & une suite d'événemens malheureux obligerent mon parent, resserrerent ses facultés. J'avoue ici que je ne m'en ressentis point. Cependant de nouvelles dépenses forcées & nécessaires le réduisirent, & j'avois encore neuf mois d'étude à continuer. Je vis alors l'impossibilité où je me trouvois de rester davantage à Paris : l'impuissance de mes parens changea mon sort sans changer mon état.

Ce fut dans ces tristes circonstances, Monsieur, qu'il fut question du choix qu'on fit de votre personne pour aller une troisiéme fois travailler aux fortifications des Comptoirs de la Compagnie des Indes. J'en eus connoissance. L'envie de voyager si naturelle aux hommes, celle de contribuer à la sûreté de nos Colonies

______

(*) M. Carlet Bouvet, alors Ingénieur en chef au Neuf-Brisack.

orientales & au bien de l'Etat, le defir de foulager mes parens & de les affranchir des facrifices qu'ils auroient fans doute faits pour ma réception ; voilà veritablement ce qui occafionna les follicitations que j'ai faites pour paffer avec vous.

La Compagnie m'accorda d'abord un brevet d'Enfeigne dans les troupes deftinées pour la garde des Ifles de France & de Bourbon : elle me nomma enfuite le troifiéme des Ingénieurs qu'elle mit à vos ordres pour l'exécution de vos projets. De fi beaux avantages joints à une brillante perfpective, à mon âge, & dans les fâcheufes circonftances où je me trouvois, durent fans doute me flatter beaucoup, & me rendre fort fatisfait de mon nouveau fort. Je ne fongeai plus qu'à me rendre digne & capable d'un plus haut pofte : je ne ceffai de m'appliquer aux parties les plus néceffaires de l'art, & à tout ce qui pouvoit m'attirer votre bienveillance & celle de mes autres Supérieurs.

Votre engagement étant arrêté avec la Compagnie, vous retournâtes à Befançon, où vous paffâtes quelques mois. J'allai paffer le même tems à Mezieres, où l'on travailloit à de nouvelles fortifications & à la conftruction d'un pont de pierre : les piéces que je rapportai avec moi juftifierent mes occupations. Vous revintes à Paris au mois d'Octobre 1752 ; je m'y rendis auffi-tôt à vos ordres. Vous en partites dans le courant de Novembre pour l'Orient, & moi quelques jours après vous. Là fe trouva M. *Dubreuil*, Ingénieur ordinaire du Roi, celui que vous choifites pour vous remplacer aux Ifles, l'homme le plus doux, le plus fociable, & dont le choix fait fon éloge & le vôtre. Quelques jours après y arriva M. *Dibufti*, & vous nous vites tous réunis fous votre commandement. Nous y reftâmes jufqu'au Vendredi 4 Février 1753.

Quelques flatteufes que fuffent mes efpérances, je ne laiffai pas de m'abandonner à de triftes réflexions, au moment terrible où la cruelle indigence m'arracha à ma patrie & à mes peres, pour me mener dans ces pays lointains, où je ne pouvois compter sur d'autres amis & sur d'autre consolateur que moi-même : c'est ici que je pressentis tous les malheurs qui devoient m'accabler. Je ne tardai pas à me retirer dans cette chambre obscure, cette chambre que l'on nomme la Sainte-Barbe, & là j'endurai ces premiers instans qui sont si sensibles aux nouveaux marins.

Je me souviendrai aussi de cette affreuse tempête qui nous accabla deux jours après notre départ, & dont les restes toujours furieux nous tourmenterent pendant plus de vingt jours. Mais c'est l'expression de mon cœur ; je fus bien moins sensible à ces tems malheureux qu'à toutes les disgraces que j'essuyai dans la suite.

La relâche que nous fimes à Gorée fut l'époque de votre aigreur contre moi. Vous me chargeâtes de dessiner la vûe de cette isle, tandis que mes confreres en levoient le plan. Ayant oublié peu après l'emploi que vous m'aviez laissé à bord, vous fûtes surpris de ne me pas trouver parmi ceux qui prenoient des mesures à terre ; vous m'en fites des reproches publics. Mes excuses étoient malheureusement trop évidemment sans réplique, elles n'eurent garde de vous appaiser ; vous crûtes votre honneur interessé à ne pas paroître en défaut vis-à-vis d'un jeune subalterne. Dès lors j'eus le malheur de perdre l'estime que vous m'aviez montré jusques-là, & il n'y eut sorte de mortification que vous ne me fites essuyer pendant le reste de la traversée.

Le vaisseau *le Saint Louis* sur lequel nous étions embarqués, sous la conduite du Capitaine *Joannis*, mouilla au port du N. O. de l'Isle de France le 2 Juillet 1753.

Vous descenditos, Monsieur, le 3 avec toute votre suite, & je fus le seul à qui vous ne voulûtes point

accorder cet honneur. On fent d'abord toute l'injustice
de votre refus.

Je defcendis le 4, j'allai auffi-tôt vous faire ma révé-
rence, & à tous ceux que Meffieurs les Ingénieurs
avoient déja vifités, où j'imaginois feulement paffer
pour le traîneur.

Ce fut dans le cours de ces vifites que je découvris
que vous aviez affecté dans plus d'un endroit de ne
me donner que la qualité de Deffinateur, & vous en
perfuadâtes bientôt toute la Colonie. Cependant guidé
par le devoir le plus fcrupuleux, & attaché à vous par
toutes fortes de raifons, je cherchois à meriter votre
confiance ; je travaillois uniquement aux plans & aux
deffeins dont vous m'aviez chargé, & je ne m'occu-
pois qu'à tout ce qui pouvoit accélerer l'exécution de
vos projets. Mais je fus averti de toutes parts, & fin-
gulierement par M. *Riquet*, qu'on ne parloit de moi
que comme d'un fimple Deffinateur, d'un homme
que la néceffité avoit placé à la fuite de M. *de Coffigny*
pour remplir cet emploi. M. *Riquet* me repréfenta en
même tems toute la difficulté que j'allois avoir pour
diffuader le public, prévenu par un Chef dont la plû-
part imploroient déja le crédit. Je fentis la force de ce
raifonnement, & toute la circonfpection qu'il me falloit pour me défendre ici d'une qualité fi incompati-
ble avec ma naiffance & les fervices que j'avois déja.

Je ne differai pas, Monfieur, d'aller chez vous ; je
vous portai en même tems les plans dont vous m'a-
viez chargé. Vous me dîtes *qu'il s'en falloit de beaucoup qu'ils ne fuffent auffi bien deffinés que les vôtres ;
que je devois une autre fois y apporter tous mes foins
pour vous fatisfaire & remplir mes devoirs.* J'écoutai vos
remontrances avec refpect ; cependant comme elles
avoient trop de rapport à ce qui me tenoit au cœur,
je ne pus m'empêcher de vous répondre, *que je croyois
fçavoir deffiner affez pour un Ingénieur ; qu'au refte je*

m'appliquois à tout ce que mon état exigeoit de moi, *pour m'y perfectionner dans les bornes plus ou moins* *grandes que la Nature mettoit aux dispositions de tous* *les hommes.* Vous voulûtes alors me prouver que je n'étois que votre Dessinateur, que c'étoit dans ces mêmes termes que s'exprimoit la Compagnie à mon sujet dans les traités qu'elle avoit faits avec vous, & dans bien d'autres papiers, que vous cherchâtes, & que vous ne trouvâtes jamais.

Pour suspendre vos recherches longues & précipitées, j'eus l'honneur de vous dire qu'il étoit écrit dans votre Traité principal, *M. de Cossigny emmene avec lui trois Ingénieurs, M. Dubreuil, Ingénieur ordinaire du Roi, M. Dibusti, & le Chevalier de la Roziere;* que je l'avois vû & lû; qu'il étoit signé de votre propre main & de Messieurs les Syndics & Directeurs de la Compagnie des Indes. Vous n'en convintes pas, & je me retirai.

Ce fut dès ce jour que vous me qualifiâtes de nouveau d'entêté, d'esprit rétif & de mauvais sujet, & que vous voulûtes me renvoyer en France : prompt retour qui portoit un coup mortel à mon avancement, & alloit causer la mortification de toute ma famille.

J'avois vécu pendant huit jours dans cette cruelle attente, lorsqu'après avoir écouté les prieres de quelques honnêtes gens, que je n'avois nullement sollicités, vous voulûtes bien me rappeller aux travaux. Vous m'ordonnâtes alors de courir journellement sur tous les atteliers, & d'y faire des appels.

On apprit dans le même tems que vous aviez accordé *Mlle de Cossigny à M. Joannis.* En effet, vous le déclarâtes vous-même, & fixâtes le jour du mariage. Vous nommâtes tous les assistans; de sorte que le Génie, l'Artillerie, les Officiers de Troupes, ceux de Marine, les Employés de la Compagnie, tout fut distingué dans une colonne de plusieurs pages. Ce n'est pas sans raison que je vous rappelle cette fête, puisque j'y fus le seul oublié : je dus en être mortifié ; je ne puis dire si c'étoit votre intention.

Vous me donnâtes quelque tems après la conduite d'un Corps de garde pour l'Officier à la porte de la Loge. Je crûs qu'en m'y tenant deux heures le matin, deux heures le soir, & que d'ailleurs en y faisant quelques tournées, vous ne pouviez que m'approuver : mais ce n'étoit pas assez, vous voulûtes que j'y restasse autant de tems que l'Ouvrier : je n'eus garde de m'y refuser.

Vous vintes un jour examiner les progrès de l'ouvrage, & vous commençâtes par me faire monter sur l'échafaud des Maçons, où vous dîtes que je devois rester tant que l'Ouvrier travailloit. Vous me lâchâtes au sujet des *Placards* (*) que vous y aviez ordonnés, parce que je les laissois monter à la hauteur des fenêtres, une suite de propos injurieux & insupportables, en présence de toute une garde & de plus de vingt personnes.

Vous sçavez, Monsieur, que je ne vous répondis rien ; qu'il n'y eut qu'à ce propos de mépris que vous lâchâtes si hautement, que *je ne vaudrois jamais mieux que mon oncle, qui avoit employé douze Ingénieurs sur le Rhin à faire une redoute*, que je pris sur moi de vous répondre : *Monsieur, vous ne faites point là l'éloge de vos camarades.*

Dès ce jour je pensai aux moyens de me retirer : je vis bien que vous ne m'aviez rappellé que parce que vous ne m'aviez pas assez fait souffrir ; & je pris aussitôt les mesures convenables pour effectuer mes desseins, vous en jugerez par les lettres suivantes.

____

(*) Espece d'armoire pratiquée dans l'épaisseur du mur.

LETTRE

A Monsieur de Lozier-Bouvet,
Chevalier de l'Ordre militaire de Saint Louis,
Gouverneur général des Isles de France & de
Bourbon.

MONSIEUR,

JE suis parti de France pour venir en ce pays, comptant que M. de Cossigny, à qui j'étois fort recommandé, auroit pour moi les bontés ordinaires : j'ai fait ce que j'ai pû pour les mériter. J'ignorois sa façon de penser sur le compte de mon oncle son confrere. J'ai découvert son indisposition contre ce parent, presqu'en même tems que ses mauvais traitemens m'ont fait desesperer d'être jamais bien tant que je serai sous ses ordres. Je suis jeune ; j'aime à travailler ; mais un Chef prévenu, comme M. de Cossigny l'est contre moi, est pour un homme de mon âge un obstacle insurmontable : chaque jour est marqué par une dureté ; je ne vois de ressource qu'en vous & par vous. La façon dont M. de Cossigny me traite, outre qu'elle ne me laisse aucun espoir pour l'avenir, me fait craindre quelqu'échec que je ne suis point en état de soutenir. Lutter contre lui, ce seroit folie : je ne puis me promettre de résister, même avec le meilleur droit du monde. L'unique parti qui me reste est celui de la retraite : vous pouvez, Monsieur, me servir en cette occasion. Permettez-moi d'aller aux Indes chercher du service ; vous me tirerez d'embarras, & vous rendrez le plus grand service à un Officier qui voit sa perte certaine, si vous n'avez pour lui cette bonté.

La Frégate *la Galatée* va aux Indes ; j'irai servir la Compagnie en ces pays, où n'ayant personne contre moi, j'ose vous assurer que je me rendrai digne du bien que vous me ferez en m'y faisant passer.

Je suis avec respect,

MONSIEUR,

Votre très-humble & très-obéissant
serviteur ,

Port-Louis, LE CHEVALIER DE LA ROZIERE.
17 Octobre 1753.

Cette Lettre, Monsieur, eut tout le succès que je pouvois en attendre. La justice & la pitié engagerent notre Gouverneur à m'accorder le seul moyen qui me sembloit convenable pour me souftraire de l'autorité de votre service. Si vous avez encore celle que je vous écrivis le même jour pour vous demander ma retraite, & la réponse que vous me fites aussi-tôt, vous verrez que je les ai gardées soigneusement, & qu'elles n'ont ici rien qui n'y soit exactement compris.

LETTRE

A MONSIEUR DE CHARPENTIER-COSSIGNY,
Ingénieur en chef de Besançon, &c.

MONSIEUR,

Depuis que je suis sous vos ordres, je fais tout ce dont je suis capable pour acquerir votre approbation, & j'ai le malheur de ne pas réussir. Je ne puis me cacher à moi-même qu'il est au-dessus de mes forces de

regagner votre bienveillance : je ne sçai à quoi attribuer ce malheur ; mais à l'âge que j'ai, il seroit triste
pour moi de perdre ici un tems précieux que j'em-
ployerai sûrement mieux ailleurs, puisque j'ai perdu
tout l'agrément de mon état en perdant votre confiance. Vous êtes trop généreux pour vous opposer au
dessein que j'ai pris de me retirer, & je vous en demande la permission. Je ne puis demander mon passage à Mr le Gouverneur sans avoir votre agrément
pour ma retraite : accordez-moi, je vous prie, cette
grace, afin que je puisse solliciter auprès de M. *Bouvet* mon passage sur un des vaisseaux de la Compagnie.

Je suis avec respect,

MONSIEUR,

Votre très-humble & très-obéissant
serviteur,

Port-Louis,
17 Octobre 1753.

Le Chevalier de la Roziere.

REPONSE

A Monsieur de la Roziere.

POUR peu, Monsieur, que vous vous fussiez con-
sulté avant que de vous transplanter dans ces cli-
mats lointains, bien loin de mettre tout en usage à
Paris pour obtenir d'y venir, vous vous seriez senti
si peu propre pour faire nulle part les fonctions d'Ingénieur, que vous auriez sollicité tout autre genre de
service.

Ainsi, Monsieur, je n'ai garde de m'opposer au

deſſein que vous avez pris de vous retirer & de repaſſer en France, où vous trouverez ſans doute de l'emploi dans le Service, qui n'exige ni peine, ni aſſiduité journaliere & perpétuelle comme dans le Corps du Génie.

J'ai l'honneur d'être très-parfaitement,

MONSIEUR,

Votre très-humble & très-obéiſſant
ſerviteur,

Port-Louis, 17 Octobre
1753.

COSSIGNY.

VOUS voyez, Monſieur, que cette réponſe eſt abſolument contraire aux propos que vous me tintes chez vous à la remiſe des plans dont vous m'aviez chargé. Vous m'aſſuriez que j'étois votre Deſſinateur, vous en recherchiez les titres, & ici vous m'accordez celui d'Ingénieur. On fera ſans doute étonné de cette contradiction; ce n'eſt cependant pas la ſeule de vos lettres où vous m'ayez traité ainſi.

D'ailleurs, par votre réponſe vous m'accordez ma retraite, mais pour repaſſer en *France*, où vous ſuppoſez que je trouverai un ſervice de pareſſeux.

C'eſt ſur cet article que j'eus l'honneur de vous voir le 18 au matin, pour vous demander que ce fût pour *Pondicheri*; ce que vous voulûtes bien me permettre, doutant cependant que *M. Bouvet* y conſentît. Je dûs alors être bien ſatisfait, puiſque ma demande étoit agréée de part & d'autre.

Je retournai chez vous quelques momens après pour vous faire part de la permiſſion que notre Gouverneur me donnoit de paſſer aux Indes ſur la Frégate *la Galatée*, ſeule dans le port, & ſur ſon départ.

Alors vous vous y oppoſâtes, & vous ſervîtes de

tout votre pouvoir & de toute votre autorité pour empêcher un voyage qui m'eût été heureux de toutes façons.

Enfin *la Galatée* étant partie dès le 8 de Novembre, vous eûtes le 10 un entretien avec *M. Bouvet* sur mon compte : vous lui dîtes *que j'étois un fort mauvais sujet, dont vous étiez charmé d'être débarrassé, que leurré par les brillantes fortunes que j'avois oüi dire qu'on faisoit à Pondicheri, je m'étois mal-à-propos figuré que j'obtiendrois aisément la permission d'y passer.* Vous ajoutâtes que *si la seule espérance de faire fortune dans l'Inde étoit une faveur, ce ne devoit pas être la récompense d'une conduite aussi irréguliere que celle que j'avois tenue depuis mon départ de France ; que sans parler d'un changement de destination qui pourroit déplaire à la Compagnie, ce seroit donner lieu à quantité de vauriens, qui la solliciteroient vivement à Paris pour leur donner de l'emploi dans nos Isles, où se comportant comme moi, ils espéreroient d'obtenir la permission de rouler d'un Comptoir à l'autre aux dépens de la Compagnie, ce qui seroit d'un très-mauvais exemple ; & vous décidâtes qu'on ne pouvoit que me renvoyer en* France.

Mr *Bouvet* ne put s'opposer à cette sentence ; il m'avertit de me préparer à repasser dans les premiers vaisseaux ; avis qui me fit plus d'impression que tous les maux imaginables.

De telles circonstances durent m'affliger : sans amis, sans ressources, & réduit à la plus grande misere ; pressé en un mot par la malheureuse indigence, il fallut bien vîte prendre un parti.

Vous vous souviendrez, Monsieur, que je retournai chez vous, vous demander la continuation de mes services ; que je vous fis toutes les promesses que mon devoir & mon âge exigeoient de moi, & que vous ne voulûtes rien entendre. Je crus cependant que c'étoit tout ce que vous pouviez attendre de moi, & que je ne devois avoir rien à me reprocher après une telle démarche.

Ce fut alors que mon fort devint plus malheureux que jamais. Je me retirai dans ma chambre; & là où j'étois exposé à toutes les injures de l'air, je cachai avec ma tristesse tous les desordres de mon esprit.

Cependant au milieu des plus cruelles réflexions, abandonné de toutes parts, & en proie à toutes sortes de malheurs, il me vint la pensée d'user de mon brevet d'Enseigne, & de demander à monter la garde. Outre l'intérêt pressant que j'avois à solliciter cette grace, j'avois encore plus d'une raison particuliere, & qui tendoient toutes à mon avantage pour l'avenir. Je vis M. Bouvet à ce sujet, qui me dit généreusement qu'il ne dépendroit pas de lui, & qu'il essayeroit de faire agréer ma demande.

En effet, Monsieur, ce Gouverneur d'une candeur & d'une équité sans égale, vous demanda lui-même le 3 Janvier 1754, que vous me permissiez de monter la garde & de faire le service dans les Troupes, selon le brevet que j'avois, vous y consentîtes.

M. Bouvet m'annonça cette nouvelle avec trop de plaisir pour que je ne m'en apperçusse pas : j'en fus tellement satisfait, que j'allai aussi-tôt vous en remercier.

Voilà enfin comme je vous quittai. Mais que de mauvais propos sur mon compte, tandis que j'étois réduit dans ma barraque à ne vivre que de pommes de terre, de pois & de fruits, & à boire de mauvaise eau ! Il est vrai, & il est à la connoissance de toute la Colonie, que cette vie contrainte par la diminution de mes appointemens, n'a pas duré moins de dix-sept mois.

Vous n'ignorâtes de rien; vous sçûtes même que j'étois dans une telle misere que je n'avois pas une

chaiſe, pas une table, pas un lit, rien à ma poſſeſ-
ſion, & que je vivois plus malheureuſement qu'un
Négre. Bien loin d'être touché de l'horreur de ma ſitua-
tion, dont les moins ſenſibles frémiſſoient, vous af-
fectâtes au contraire de repéter ce propos : *Eh ! il lui
falloit des confitures à bord à ce Seigneur-là ; il dsit
donc trouver bien du changement dans ſon ſort.* (*)

Je peux, Monſieur, oublier toutes les miſeres que
je viens de vous retracer ; mais je n'oublierai jamais
l'inſulte que vous venez de me faire, & dont je dois
me juſtifier devant vous-même.

Après avoir paſſé dix-ſept mois aux Iſles hors de
votre cpmmandement, y avoir tenu une conduite irré-
prochable devant Dieu & devant les hommes, vous
accompagnez mon retour de la Lettre la plus inju-
rieuſe. *Le Sieur de la Roziere*, dites-vous, en parlant
à une Compagnie reſpectable, & à laquelle vous de-
vez votre fortune, *mauvais ſujet en France, pendant
la traverſée, & le ſéjour qu'il a fait ici, s'embarqua der-
nierement ſur le Dauphin, pour repaſſer en France par
congé, dit-on . . . . . . M. Bouvet l'a employé à lever,
à deſſiner pour lui quelques plans : je ne ſçai ſi ce Gouverneur aura eu la prudence de retirer les minutes ; car
il ne conviendroit pas qu'un auſſi mauvais ſujet que ledit
Sieur eût en mains ces minutes. J'ai été tenté d'en écrire
au Gouverneur ; cependant je ne l'ai pas fait, pour ne
pas engager quelques nouvelles altercations de part ou
d'autre à ce ſujet.*

Vous ne pouvez nier ces expreſſions, & vous ne
pouvez les ſoutenir qu'avec de mauvaiſes raiſons ; on
les paſſe à votre âge : mais je ne me crois pas aſſez
d'inſenſibilité pour les entendre de ſang-froid ſortis
de votre bouche.

____

(*) Parce que je m'aviſai un jour dans la traverſée de manger
une prune ſéche au deſſert.

Aujourd'hui j'ai pour moi les suffrages réunis de tous les honnêtes gens de la Colonie, de gens qui, sans rien ôter de votre mérite, ont jugé de votre conduite, & apprécié votre capacité ; ces suffrages, dis-je, joints à ma présence à *Paris*, me faciliteront les moyens d'obtenir ma justification sur toutes les mauvaises qualités que vous m'avez si malignement imputées.

Je crois cet exposé suffisant pour détruire les mauvaises impressions que vous avez voulu répandre sur mon compte. Si vous vouliez refléchir sur ma conduite, vous verriez combien elles font fausses ; mais la passion vous a malheureusement aveuglé, sans elle vous auriez eu pour moi des bontés que je méritois, & qui vous eussent fait honneur.

Je suis avec respect,

MONSIEUR,

Votre très-humble & très
obéissant serviteur,

Le Chevalier de la Roziere.

Paris, *20 Novembre*
1755.